超訳

論語

自分の「器」を磨く

監修　野村茂夫
愛知教育大学名誉教授
皇學館大学名誉教授

文　ひらたせつこ

リベラル文庫

二千数百年前に世に出た『論語』は西欧の聖書と匹敵する、東洋世界最大のベストセラーです。儒教の堅苦しく難しいイメージが強い『論語』ですが、実際には孔子が弟子たちに人のあるべき姿を説いた現実的で愛情あふれる本なのです。

日常の中で選択に迷ったり、どうしたらいいのかわからず途方に暮れたり、家族や友達と仲違いしてしまったり。そんな時、孔子はどうしたのだろう、と考えながらこの本を手にとってみてください。その時代を生きた弟子たちの悩みを実例にあげながら分かりやすく教えています。この本は論語の解釈だけを勉強するものではなく、論語から羽根を広げて飛び出したエッセイです。「君子」「仁」「徳」などとらえにくい言葉も出てきますが、正確に意味を知らなくてもイメージを掴みながら読み進めることができるはずです。

難しい漢字が並んでいるように見えますが、孔子の愛情あふれる言葉には、あなたの生き方を変えるヒントがちりばめられています。論語とともに、この本が自分を見つめるきっかけになれば嬉しいです。

もくじ

第一章 学ぶ

第二章 働く

第三章 思いやる

第四章　生きる

第五章 磨く

第一章　学ぶ

学ぶよろこび

学生時代は
押し付けられて勉強した。
大人になると
仕事に必要な知識や技術を
自ら学ばなければいけなかった。

けれどもそれは楽しくもある。
学びは仕事や生活に直結し
毎日を向上させるために
欠かせないものとなる。

学んだことを身に付くように絶えず繰り返して復習することは、（他にもうれしいことはたくさんあるけれど）これもまた喜ばしいことではないか。

あらゆる学びがつながっていき
普遍的な法則に気付いていく。

働くことから引退すれば
趣味としての学びが待っている。
時間やお金をたっぷり使う娯楽だ。

覚えたことをすぐに
忘れてしまうのもひとつの贅沢。
また覚える楽しみが味わえる。
同じ本が何度も新鮮に読める。
新しい世界に触れる学びは
純粋に楽しいことなのだとわかる。

学而時習之、不亦説乎
(学而第一 - 一)
学びて時にこれを習う、亦た説(よろこ)ばしからずや

30歳まではモラトリアム

15歳
私たちが高校に入学する年に
孔子は学問をしようと思った。

30歳
私たちが身を固めようと考える頃に
彼は学校をつくろうとした。

2500年も前の時代に生きた孔子が
まったく違う文化の中で

私は十五歳で学問をしたいと目標を立て、三十歳になった時に
生活のメドが立った。

私たちと同じような道のりをたどる。
その不思議。

10代、20代のうちは学びつづける。
学校で、社会で、
考えていくために必要な知識を
生きていくために必要な技術を。
その過程で友情と愛情を育み
30歳までに
自分の道で立てるだけの
人生の足腰をつくっていく。

自立するのは30歳でいい
そう考えると気が楽になる。

吾十有五而志于学、三十而立
(為政第二 - 四)

吾れ十有五にして学に志す。三十にして立つ

真似てみることから

世の中には
すごい人がいる。
まだ若いのに
世界でもトップクラスの才能を誇り
その上、謙虚な姿勢で驕《おご》らず
毎日、研鑽《けんさん》を欠かさない。
どんな分野にもそうした人がいるもの。

「あの人は特別だから」
と自分と切り離したり

自分より優れた人を見るとああなりたいと思い、つまらない人をみれば自分を反省せよ。

「でも、あの人にはこんな欠点が」
と妬《ねた》んで悪口を言ったり
「世の中は不公平だよね」
とすねてみたり。
そう、きっと彼らと私が
一番違うのはその心根だ。

彼らは、他人にできる努力なら
自分にもできるはずだと思い
自分が置かれた場所を感謝することから
始めるのだろう。

いますぐ、そんな自分になれる自信はないけれど
まずは真似からしてみようか。

見賢思斉焉、見不賢而内自省也
（里仁第四 - 一七）

賢（けん）を見ては斉（ひと）しからんことを思い、不賢を見ては内に自ら省みる

学び、考え、学び、考える

学んだことを
教科書通りに覚えても
実生活では使えない。
現実の問題は複雑で
学校で学んだ知識を振りかざしても
すべての問題に対処はできない。

自分の考えを
絶対正しいと思い込み
新しい情報を学ばないのも

知識を得るばかりで自分の頭でしっかり考えないと、混乱する。
かといって頭で考えてばかりで他にどんな考え方があるのか学ばないと、自分の考えに凝り固まってしまって危険である。

進歩がない。
新しい情報や考え方を学べば
いままでの自分に足りない部分がわかる。

いま学んだことと
すでに知っていること
経験していることを
つなぎ、理解していく。
学び、考え、学び、考える。

課題が見え
対応がわかり
説得力を持つ言葉が見つかる。

学而不思則罔、思而不学則殆
（為政第二－一五）

子曰く、学びて思わざれば則ち罔（く）らし、思いて学ばざれば則ち殆（あやう）し

何のために学ぶのか

難しい漢字を
書けるようになること。
新しい言葉を
使えるようになること。
わからなかったことが
理解できるようになること。

本来はそれだけで
うれしいはずなのに
テストの点数ばかり気になって。

昔の学者は自分を高めるため学問をする。最近の学問をする人は、人に見せびらかすためにする。

一夜漬けに
出題のヤマ
傾向と対策。
勉強なのか、博打なのか。

偏差値による格付け
受験のための勉強
詰め込み教育。
受験が終われば忘れるだけ。
「〇〇大学卒業」と
履歴書に書きたいために学ぶの？

幼い頃の学ぶ楽しさを
思い出してみよう。

古之学者為己、今之学者為人

（憲問第一四 - 二五）

古（いにしえ）の学者は己の為にし、いまの学者は人の為にす

学びつづける

朝起きたら
家族に「おはよう」と挨拶をして
満員電車では
お年寄りに席を譲り
口うるさい部長には
あれこれ言われるのを覚悟で声をかけ
自社の製品よりも
お客様に良い選択があれば
それを否定しない。

（家では親につかえ、村では目上の人に親切にし、広く人々に対して誠実にしなさい。そのように）日常の生活態度を整えて、それでもなお余裕があれば書物を読んで勉強しなさい。

そんな生活をしていれば
きっとそれだけで
あなたは人に必要とされ
世の中で生きていけると思うのだけれど。

明日を少しだけ
変えていきたいならば
勉強をしてみるといい。
仕事の役に立つことでも
役に立ちそうもないことでも
何か学びつづけてみるといい。
経験してきたことの意味と価値が
理解できるようになる。
より毎日を大切に生きようと思える。

行有余力、則以学文
(学而第一 - 六)
行いて余力あれば、則(すなわ)ち以て文を学ぶ

まだ知らぬことがある

「知らない」ということは恥ずかしい。

法律やルールを知らずに
人に迷惑をかけたり
事情を知らずに
見当違いのことをしたり
知らないということが
罪になることもある。

だからこそ知らない時には

知っていることは知っていると言っていいが、知らないことは知らないと言うことだよ。これが知るということだ。

「知らない」と答えた方がいい。
ただ素直に答えるといい。
悔しい思いを抱えながらでも
心から反省しながらでもいい。

知らないことは強みにもなる。
知らないから素直に動ける。
知らないから反省できる。
知らないから学ぼうと思える。

自分には
知らないことがある。
それを知ることが
「知る」ための最初の一歩だ。

知之為知之、不知為不知、是知也
（為政第二 - 一七）
これを知るをこれを知ると為し、知らざるを知らずとせよ、是（こ）れ知るなり

生まれによる差はない

人は誰もが
まっさらな心と頭で生まれてくる。
もちろん生まれによって
多少の違いはあるものの
それが人を形成する
全てであるわけがなく
多くのことを学びながら
自分自身になっていく。

誰でも教育によって成長でき、生まれつきの差はない。

経験したこと
教えてもらったこと
考えたこと
その蓄積が自分の基礎を
つくっている。

人の成長はとまらない。
今日学ぶことによって
明日はまた違う自分になっている。
死ぬまで誰もが変わっていける。
大人になればなるほど
生まれつきの差なんて
全く関係なくなっていく。

有教無類
(衛靈公第一五 - 三九)
教えありて類なし

学ぶ人が決める

一緒に教えてもらっても
同じ話を聴いていても
同じことを学んでいるわけではない。

すべての言葉が
「私」というフィルターを通して
自分の中に入ってくる。
先生の教えたいことが
入ってくるのではなく
学びたいと思っていることが

同じところで勉強していても、同じような方向に進むわけじゃない。

自分の中に残っていく。

話の内容をそのまま覚える者もいれば
そこにいたる世界の原理に
関心を抱く者もいるし
先生の在り方を観ている者もいれば
聴くふりをしている者もいる。

同じ教室で学んだとしても
その経験は自分ひとりのもの。

そしてもちろん
学びをどう役立たせるかも
自分次第なのだ。

可与共学、未可与適道
(子罕第九 - 三一)
与(とも)に共に学ぶべし、未だ与に道に適(ゆ)くべからず

誰にも理解されなくても

天の力というものが
働いているとすれば。

なぜ自分はこんなに
うまくいかないのだろうと
天を恨んでみたところで仕方がない。
この人生の中で何かを学ばせようと
思ってくれているのだろう。

他人が自分を理解してくれないと

理解してもらえない運命を恨まず、理解してくれない他人をとがめない。

嘆いてみても仕方がない。
いまの時代にあって
誰もが理解できることは
簡単なことだけなのだ。
最先端であればあるほど
人はあなたの考えや作品を理解できない。

あなたはあなたの道をいけばいい。
ゴッホは生きている間
一枚の絵しか売れなかった。
『変身』を書いたカフカも
生前は無名だった。
素晴らしいものは
必ず時を経て評価されるのだ。

不怨天、不尤人
（憲問第一四 - 三七）
天を怨みず、人を尤（とが）めず

楽しむ人には敵わない

何かをよく知っている人は賢い。
聞けばいろいろ教えてくれるだろう。
何かを好きな人は幸せだ。
夢中になれることは
ひとつの才能だと思う。
けれど、心から
楽しんでいる人には敵わない。

それを知っている人は、それを好きな人には敵わない。それを好きな人は、それを楽しむ人に敵わない。

そこには
大きなエネルギーが生まれる。
こんなに楽しめるんだ
自分ももっと何かできるのかもしれない
と、思わせてくれる。

誰に頼まれたわけじゃなく
お金をもらえるわけじゃなく
それでもやりたいという
エネルギーの求心力に
周りの人はどんどん巻き込まれてゆく。
人の輪の中心には
それを楽しんでいる人が必ずいる。

知之者不如好之者、好之者不如楽之者
(雍也第六 - 二〇)

これを知る者はこれを好む者に如(し)かず。

これを好む者はこれを楽しむ者に如かず

良き教師とは

生きる上で大切なことは何か？
人として失ってはならないことは何か？

良き教師は
答えがない問いに対しても
自分が正しいと信じることを教える。

しかし、必ずしもそれが絶対だとは
押し付けない。

自分の考えや才能を越える生徒が

先生は４つのことをしなかった。「自分の気持ちを押し付ける」ことはなく、「これが絶対だ」と言わず、「頑なにこだわる」ことなく、「俺が俺がと我をはる」ことはなかった。

出てくることを
かすかに予感しているものだ。
そしてどこかでそれを待っている。

素直に話を聴く生徒はかわいいが
真剣に反論する生徒もかわいい。
そんな生徒たちと共に考え
いいと思った意見があれば
自分の意見も変えていく。

そうやって
真剣に考えつづける時間が長い分
先生は偉いのだ。

子絶四、毋意、毋必、毋固、毋我
(子罕第九 - 四)
子、四を絶つ。意なく、必なく、固なく、我なし

三人の力

三という数字には特別な力がある。

二つの拮抗する力に
三つ目の力が作用すると
新しい方向に動き出す。

二つの点を結んだ線が
三つ目の点と結ばれることで
初めて面をつくる。

三人で行動を共にしたら、きっとそこに自分の先生が見つかる。

それは人の出会いでも同じこと。

ふたりだと意見が割れて
動きだせなくても
三人なら何らかの方向に
動き出せる。

当初思いもかけなかった方向と
思った以上のエネルギーで
ものごとが動きだす。

三人はお互いが
支え合う三角形の点となり
お互いが教師であり生徒となれる。

三人行、必有我師焉
(述而第七 - 二一)

三人行えば必ず我が師有り

教えるということ

人に教えるということは
なかなか一筋縄にはいかない。

生徒によって得意な覚え方が違う。
読んで覚える人もいれば
耳で聴いて記憶する人もいれば
図に描いて考える人もいる。
相手の得意な理解の仕方にあわせて
教えてあげたほうがいい。

相手が心の中から答えを求めている状態にまでならないと、ヒントをあげない。うまく言葉で表現できずにイライラするぐらいにならないと、手を差し伸べない。

人によって持っている知識が違う。
その人がどこまで何を理解しているか
確認しないと
必要なことを正しい順番で教えてあげられない。

そして一番大切なのは
相手がその学びを求めているか
その「時」なのかどうか。
相手が必要としていないことを
教えようとしても徒労に終わる。
その人が答えを必要とする
その時を待ってみよう。

それができる人が本当の教師だ。

不憤不啓、不悱不発
(述而第七 - 八)
憤(ふん)せずんば啓(けい)せず。悱(ひ)せずんば発せず

過剰と過少

若者を育てる時。
熱くなりすぎてしまうと
意欲を奪ってしまう。
しかし一方で
放っておくと大きな失敗をし
つぶれてしまうことがある。

過干渉でうまくいかなくなり
その反動で放任主義に陥り
過剰と過少の間を

やり過ぎてしまうのは、足らないと同じようなものだ。

振り子のように揺れてしまう。
これもまたうまくいかない。

目をかけるけれど
手をかけすぎない。
それが肝心だと
わかっているのだが。

大切なのは、その人の力を信じること。
あなたは神様ではないのだから
その人の人生に責任を持つ必要はない。
熱くなりすぎず、冷めすぎず
適当な距離感で
見守りつづけよう。

過猶不及也
（述而第七 - 一六）
過ぎたるは猶（な）お及ばざるがごとし

コラム　孔子について

孔子は紀元前552年に現在の山東省曲阜《きょくふ》にあった魯《ろ》の国に生まれました。魯の下級士族の家に生まれたようですが、両親が共に孔子の幼い頃に亡くなったため、身分のある子弟のような教育を受けることができず独学で苦労をしながら礼学を修めました。若い頃は就職にも苦労し、いまでいうアルバイトなどをして生計を立てていました。30歳過ぎから少しずつ弟子を集め、40歳頃には中国最初の私立学校を作り上げました。50歳過ぎて魯国に仕え、政治改革に情熱を燃やしましたが、結局は失敗し国を出て、長く諸国を放浪します。この諸国への放浪が自らの教えを広めるきっかけになりました。69歳の時に帰国し、その後は政治に関与せず教育に専心し、後の『儒学』の基礎をつくったのです。紀元前479年、73歳で亡くなりました。

第二章　働く

あなたの存在は否定されない

がんばっても
自分なりに精一杯やっても
希望した仕事や役割につけないと
怒りや悲しみ
情けなさでいっぱいになる。

でもね、あなたの存在が
否定されたわけじゃない。

組織づくりはパズルみたいなもので

自分が認めてもらえないことに腹を立てない、これもまた君たちが目標とする、あるべき姿でしょう。

「そこにぴったりハマる一片」を待っている。
キラキラ光る素敵な一片でも
そこにハマらなければいまは必要ない。

あなたを待っている人や
あなたを待っている場所はきっとある。
力を抜いて向かっていこう。

だから、無理に認められようと
媚びすぎないように。
選びすぎないように。
認められなくても
悩みすぎないように。
責めすぎないように。

人不知而不慍、不亦君子乎
(学而第一 - 一)
人知らずして慍(うら)みず、亦た君子ならずや

それぞれの得意を伸ばす

人はそれぞれに得意なことがあり
与えられた環境の中で
役割に応じてその力を伸ばしてゆく。
それと同時に苦手なこともあるものだ。

知力がある人は
論理的に考えるから答えを迷わない。
けれど人の気持ちがよくわからないことがある。

大らかでものごとに執着をしない人は

頭のいい人は迷わない。心がしっかりしている人は執着がないので心配がない。勇気のある人は恐れない。

細かい心配をしない。
けれど危機を俊敏に感じることが
できないことがある。

勇気がある人は危機が訪れた時
恐れずまっすぐに闘える。
けれど間違った方向に進んでしまうことがある。

自分一人ですべてのことを
する必要はないのだよ。
知・仁・勇のすべてを
一人で持とうとしなくてもいい。
だからこそ違う力を持つ人と
共に歩むといいのだ。

知者不惑、仁者不憂、勇者不懼
(子罕第九 - 三〇)

知者は惑わず、仁者は憂えず、勇者は懼(おそ)れず

最後までやりきる

できないかもしれない、と
焦っているうちは、がんばれるのに
「あぁ、ここまでくればもう大丈夫」
と思った途端に
それまでの力が抜けてしまう。

「これなら、いつでもできるわ」
と思ったことほど完成できない。

どうやったら怠けられるのか

たとえば山をつくる時のように、最後のひと盛りというところで止めてしまうと、完成しない。そこからの進歩はなくなる。

どうやったら休めるのか
自分でも気付かぬうちに探している。

マラソンでも
ゴールの手前で座りこんでしまったら
それまで走った距離は記録されない。
走らなかったのと同じこと。

人生の中でそんなこと
たくさんやってきたのかもしれない。
あと一歩の努力をしなかったために
何も記録に残らない
何も誇りにならない。
最後まで、もうあと一歩がんばろう。

未成一簣、止吾止也
（子罕第九－一九）
未だ一簣（き）を成さざるも、止（や）むは吾が止むなり

終わったことは終わったこと

「本当にあれで良かったのかな」
と不安に思うと
つい誰かに話したくなるけれど。

「もっとこうしたら良かったのに」

「いまだから言うけどさぁ」

「そうしちゃったのね、仕方ないね」

そんな意見を聞いたとしても
不安が大きくなるだけで。

「良かったんだよ！」


できあがったことはあれこれ言うまい、してしまったことはいさめても間に合わない、過ぎ去ったことは咎めても仕方がない。

なんて軽く言われても
それも何だか気持ちが悪く。

「私にはわからないけれど
あなたのことを応援してるよ」
という言葉を待っているような気がする。

自分のしたことが
最良の道でなかったことは
何となく気付いているから。
それでも応援してくれる人がいるなら
次はもっといい選択をしよう、と思える。

成事不說、遂事不諫、既往不咎
(八佾第三 - 二一)

成事(せいじ)は説(と)かず、遂事(すいじ)は諫(いさ)めず、
既往(きおう)は咎(とが)めず

長所として活かす

どんな人も
性質や行動には特徴があって
それは長所にも短所にもなる。

他人の気持ちを大切にするのは
優しいという長所だけれど
自分の希望を押し殺すことにもつながる。

耳が聞こえないと
人の話が聞きとれないが

賢明な人は人の良い点を完成させようとし、悪い点は成り立たないようにする。

うるさい場所でも苦にならず働ける。
できる人とできない人がいるのではない。
その人が自分の特徴を
長所として活かせる役割を担えれば
誰もが「できる人」になる。

良きリーダーはわかっている。
みんなが長所を活かして
尊敬しあえる場をつくることが
自分の仕事なのだ。

君子成人之美、不成人之悪
（顔淵第一二 - 一六）

君子は人の美を成す。人の悪を成さず

自分を信頼したい

するべきことや
した方がいいことがあるのに
できない理由はなぜ？

忙しかったり
他にやるべきことがあったり
人に迷惑をかける気がしたり
危険すぎたり。

「しない理由」や「できない理由」を

自分が行うべきことを前にしながら行わないのは、勇気がないことである。

並べ立てることで安心する。
周りを説得することもできる。
理由があるから仕方がないよね。

でも、本当はめんどくさいだけ。
失敗するのが怖いだけ。

実は周りの人も
あなたが言い訳していることを知っている。
もう一度、自分に問うてみよう。
このままでいいの？
自分自身が自分への信頼を
失ってしまわないように。

見義不為、無勇也
（為政第二 - 二四）
義を見て為（せ）ざるは勇なきなり

認めることで、認められる

誰も自分のことを認めてくれない
と落ち込んで。
あいつはいいよな、ひいきされて
と妬む。

そんな風に感じてしまったら
「穴」に落ちちゃっているね。
気をつけて。
それはアリ地獄の穴だから。
どんどん砂の中に引きずり込まれる。

人が自分のことを認めてくれないことを気にかけないで、自分が人を正しく認めていないことを気にかけなさい。

いつまでも与えてもらう立場で
口を開けて待っているから穴に落ちる。
誰かに何かをしてあげる立場に立ってみよう。

自分のことは置いておき
自分が他人を認めよう。
毎日がんばっている部下を
毎日、家事をしてくれる母や妻を
讃えよう、感謝しよう。

そうしたら、いつの間にか
あなたはきっと認められている。

不患人之不己知、患己不知人也
(学而第一 - 一六)
人の己れを知らざることを患(うれ)えず、人を知らざることを患う

叱るより教えよう

「ジーパンはね、もともと作業着だから
アルバイトという立場であっても
オフィスに着てきちゃダメだよ」
学生の頃
そんな風にたしなめてくれた大人がいた。
「そうなんですか。知らなかった」

大人から見れば身勝手な若者も
常識を知らないだけだったりする。

礼というものは堅苦しいものだけれど、儀式を行う時には、お互い同士が和らぎ心を通わせるということが基本だと忘れてはいけない。（けれども、和やかにするばかりでは、うまくいかない。和やかであっても、折目正しさを忘れないバランスが大切。）

「勝手なことをするな」と怒られると
反抗してしまうけれど
「イマドキは仕方ない」と放置されると
常識がわからないままだけれど
きちんと教えてもらえれば
ルール通りに動けるもの。

その姿は若い頃の自分だから。
「私は誰にも教えてもらえなかった」
なんていじわる言わずに
「わざわざ嫌われ役はやりたくない」
なんて逃げずに
大人の世界に温かく迎えるために
教えてあげようよ。

礼之用和為貴
(学而第一－一二)
礼の用は和を貴しと為す

まずは真摯に向かってみよう

楽しい仕事がしたい
やりがいのある仕事がしたい
というけれど。

ファーストフードじゃあるまいし
「楽しい仕事セット」も
「やりがいセット」もないんだよ。

ひとつの仕事の中には
楽しい業務もあれば

言葉に誤ちが少なく、行いに後悔が少なければ、自然と報酬はもらえるものです。

それ以上の苦しい業務もあって
やりがいが感じられるのなんて
ほんの一瞬だけということも多い。

その小さな楽しさと
非日常のようなやりがいを糧に
日常をコツコツと過ごすことだ。
文句を言わず、与えられた業務に
真摯に向かうことから始まるのだ。
運が良ければ
また思いもよらぬ喜びに出会える。

乗り越えることなく、楽しさは味わえず
つづけることなく、やりがいはない。

言寡尤行寡悔、禄在其中矣

（為政第二 - 一八）

言（げん）に尤（とが）め寡（すく）なく、行（こう）に悔い寡なければ、
禄（ろく）は其の中に在り

部分でとらえる

私たちはとかく人を全体でとらえる。
尊敬する人の意見は
すべて良いように思え
日常的にだらしない人は
すべてにおいて
あてにできないと思いがちだ。
そう思っておけば簡単だから。

けれど、人は多面的であり

すぐれた人が上に立てば、いいことを言うからと言葉だけで人を取り立てたりしないが、人が悪いからと言ってその人のいい発言を取り上げないこともない。

時の流れと共に変化し
関係性の中で違う顔を見せる。

いいことを言ったからといって
いい仕事をするとは限らないし
性格がねじ曲がっているからといって
その意見が正当でないとは言えない。

良きリーダーは部分でとらえる。
どんな人にもチャンスを与え
良い所を採用する。
その人と共に働く人は
自分の良い所を伸ばしていける。

君子不以言挙人、不以人廃言

（衛靈公第一五 - 二三）

君子は言を以て人を挙（あ）げず、人を以て言を廃せず

自分の得より大切なもの

「何のために学びますか」
「何のために働きますか」
いい学校に入って
いい会社に入って
お金を稼いで安定した生活を送るため。
それ、ほんと？

そう思っていたとしても
いまのこの国で
食べていけるだけで心からの幸せを

損得ばかりを気にして行動していると、どこか心残りがある。
満足できず、不満が残るものだ。

感じられる人を見ることはない。

稼ぐだけではもの足らない。
人は誰かの役に立ちたいもの。
自分で気付いていなくても
心を深く探っていけば
誰かのために自分の力を使いたい
そんな気持ちが必ずある。

自分の力が役立った時
「ありがとう」という言葉が返ってくる時
思いがけない満足を得る。
その時に
何のために働いているのかわかる。

放於利而行、多怨

（里仁第四－一二）

利に放（よ）りて行えば、怨（うら）み多し

迷い道は宝物

自らの才能を開花させ
迷うことなくまっすぐに
王道を歩いているように見える人生もある。

そんな明るいまっすぐな道に
憧れる人が多いのは
世の中の多くの人が
くねくねとした迷い道を歩んだ過去があったり
いまその中にいるから。

私は若い頃貧乏だったから、つまらない仕事もいろいろしてきた。だから何でもできるのだ。

何度も転職を重ねたり
仕事が好きになれなかったり
働けない時期があったり。
貧乏に負けそうになったり
才能の無さを嘆いたり
運の悪さを痛感したり。
長い人生の中
いつ起こるのかは違っても
誰もが一度は迷い道に入り込む。

苦しく暗くつらいその時期を越え
ずっと後になってから
その時期に学んだことが
自分にとって宝物なのだと気付く。

吾少也賤、故多能鄙事
（子罕第九 - 六）
吾れ少（わかく）して賤（いや）し。故に鄙事（ひじ）に多能なり

食うために仕事をする

孔子は何年か
放浪せざるをえなかった時期がある。
政治の世界で負けて追放されたのだ。
だからわかる。
やりがいのある仕事は大切だけれど
仕事を選り好みしてはいけないことが。
働くことは夢を叶え
志を立てるものでもあるけれど

私は瓜でもあるまいし、ぶらさがったままで飯を食わずにはいられない。

自分や家族の腹を満たし
安心した生活を送るための
ものでもあるのだ。

やりたい仕事がないからと
何もしないでいるよりも
飯を食べるために仕事をする
それは大切なことなのだ。

きっかけは何でも構わない。
毎日働く中で
小さな楽しみを見つけていければ
それは素晴らしいことじゃないか。

吾豈匏瓜也哉、焉能繫而不食
（陽貨第一七－七）

吾れ豈（あ）に匏瓜（ほうか）ならんや。
焉（いずく）んぞ能く繫（かか）りて食らわざらん

ねぎらう代わりに感謝する

自分でやってみるとよくわかる。
手先の細かい仕事をつづけることは
意外に体力が必要だということが。
時間が自由に使える仕事は
生活全部が仕事に染まっていくことが。
派手に見える仕事は
地味な仕事をたくさん含んでいることが。

やってみるから
その人の気持ちや苦労がわかる。

率先してやりなさい、ねぎらいの気持ちを忘れてはいけない。

ねぎらわなくては、と
ピント外れに声をかけても
かけられた方は白けてしまう。
その苦労を想像しながら
心から感謝すればいいのだ。

その人たちが
がんばってくれているから
自分はこの仕事ができる。
彼らが動いてくれるから
自分はここにいることができる。

心からのねぎらいとは感謝なのだ。

先之労之
（子路第一三 - 一）
これに先んじ、これを労す

若者たちは恐るべし

「いまどきの若者は」という言葉は
古代ローマの時代から
文献に残っているという。
だいたい若者は
いい加減で責任感に欠け
おまけに大人に対して失礼だ。
私たちが若い頃は…。

…私たちが若い頃も、大人たちには叱られた。
「いまどきの若いもんは」

若者たちは恐るべき存在だ。この若者が将来、いまの自分を越えるような存在にならないとは言えない。

「大人たちは古いよ、考え方が。
こっちのやり方の方がずっと効率的。
前例を壊したっていいじゃないか」
そんな風にぶつかりながら
私たちも大人になった。
そしていまは、ぶつけられる側になっている。
いや、いまの彼らはもっと賢い。
ぶつからずに、うまく大人を利用する。

この青く拙《つたな》く危うい彼らが
どんな風に自分たちを踏み台にして
駆け上がっていくのか。
それは怖さでもあり、楽しみでもある。

後生可畏也、焉知來者之不如今也
（子罕第九 - 二三）
後生（こうせい）畏（おそ）るべし。焉（いずく）んぞ来者（らいしゃ）のいまに如（し）かざるを知らんや

能力よりも人柄の良さ

馬でさえ
名馬と言われる条件は
走る速さよりも性質の良さだという。
まして人間はなおさらだ。
英語ができるとか
学歴があるとか
抜群の営業力があるとか
もちろんそれは素晴らしい力だ。
けれど、それだけで

名馬は速く走る力を褒められるのではなく、その性質を褒められる。

幸せになっている人はいない。
それだけで
成功しつづけることはない。

そんな特別な力がなくても
幸せになっている人は多い。
人柄が良くて愛される人は
何かあっても
最後の最後で誰かが助けてくれる。

不器用にしか生きていけない人の方が
複雑な問題を抱えることもなく
多くの人に愛されて
自由に生きているように見える。

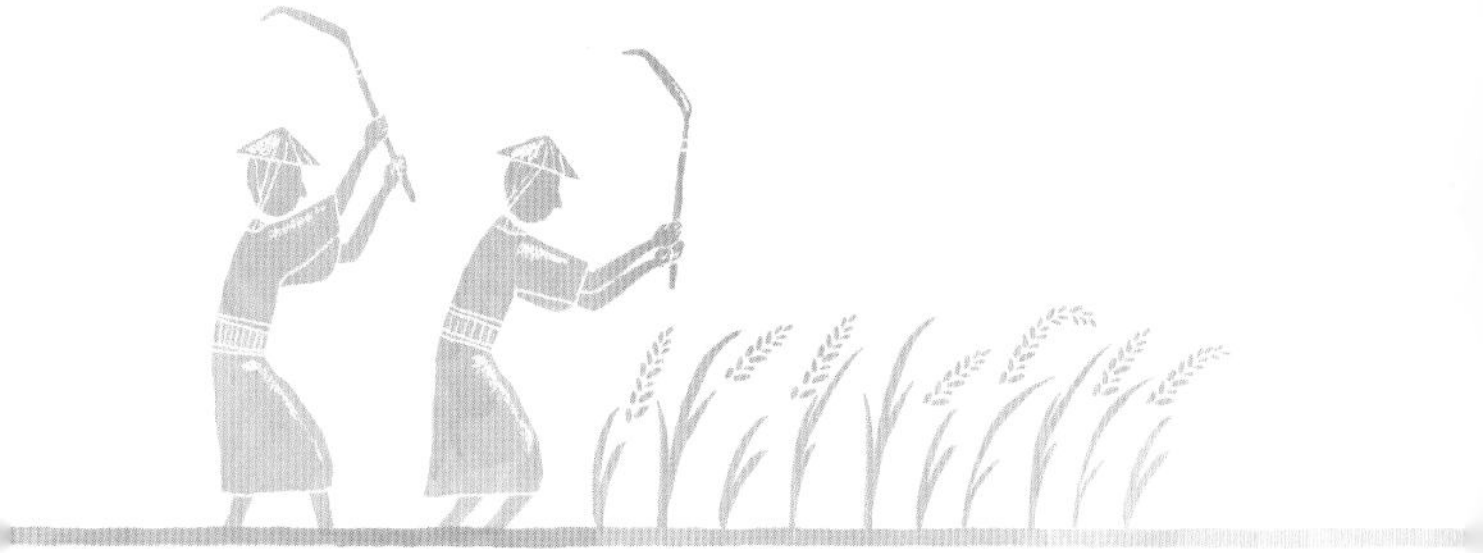

驥不称其力、称其徳也
(憲問第一四 - 三五)

驥(き)は其の力を称せず。其の徳を称す

思わぬ所で花を摘む

希望した仕事ができないと
就職しない若者がいる。
こんな会社じゃ働けないと
すぐに辞めてしまう人がいる。

確かにそれは若者らしい正直な生き方。
「考え方が甘いんだよ」と
非難したりはしないけれど
ちょっと惜しいと思う。

私は若い頃まともな仕事につけなかった。だから芸がある。

思いもつかなかった仕事をすると
知らなかった新しい自分に出会える。
それまで知らなかった
新しい知識や技術を身に付けられる。
人生の寄り道で
その後に役立つたくさんの花を摘める。

何でもいいよ。
選り好みせずにやってごらん。
寄り道で摘んだたくさんの花が
大きな花束をつくり
あなたの人生を彩ってくれる。

吾不試、故芸
（子罕第九 - 七）
吾れ試（もち）いられず、故に芸ありと

コラム　孔子の弟子

孔子の弟子の中でも特に優れた十人の弟子は、『孔門《こうもん》の十哲《じってつ》』と言われ論語にも多く登場します。孔子が弟子を育てた時期は諸国放浪の前と、帰国後の晩年の二期。前期の弟子たちは顔淵《がんえん》、子路《しろ》、子貢《しこう》などで、孔子の人柄に心酔し、その後の各地の放浪も孔子に同行しています。この「先輩」たちを孔子は「いささか粗野なところがあるけれど個性的で優れている」と語っています。長期にわたって身近にいたため愛情も強く、それは顔淵の死に対する孔子の落胆ぶりなどからうかがわれます。晩年の弟子たちは、年齢も離れ、洗練された教育を受けるため孔子に学問を学ぼうとした人々です。彼らによって儒教の基礎が築かれました。孔子は、「先輩たちは実際行動において優れており、後輩たちは学問にすぐれていた人が多かった」と語っています。

第三章　思いやる

友との出会いは、新しい自分との出会い

入学、入社、
初めての朝はドキドキする。

何が始まるのか。
どんな仲間がいるのか。
緊張していることに気付かれないよう
周りを見回してみる。

この友たちと送る日々は
私にどんな思い出をつくってくれるのだろう。

同級生が遠くから集まってきた。こうして友達が増えるのも、
また楽しいこと。

いまはまだ名も知らぬこの人たちの中に
一生の友がいるかもしれない。

そしてその友との関係の中で
私はどんな私であるのだろう。
自分と友との間に
いままで知らなかった私が
立ち現れるかもしれない。

知らない友と
知らない私に
これから出会えるそんな予感が
はじめての朝をドキドキさせる。

有朋自遠方来、不亦楽乎
(学而第一-一)

朋(とも)あり、遠方より来たる、亦た楽しからずや

して欲しいことをしてあげる

人の心は見えない。
人の本当に欲しいものはわからない。
それはどんなに近い人でも
どんなに愛する人でも。

だから
その人のためになりたいと思えば
自分がして欲しいことをしてあげる。
自分がして欲しくないことはしない。

真心のある人は、自分が立ちたいと思えば人を立たせてあげ、
自分が何かを達成したいと思えば人を達成させてあげる。

多くの場合、人はそれを喜んでくれるけれど。

時には的外れなこともあって。

「そんなことを望むのはあなただけ」

「あなたと私は違うのよ」と
跳ね返されることもあるけれど。

その人のためになりたいと思った
自分の真心はウソじゃない。
わからないから
わかりたいという願いを込めて
自分ができる範囲で真心を尽くす。

それでいいんじゃないだろうか。

夫仁者己欲立而立人、己欲達而達人
(雍也第六 - 三〇)
夫(そ)れ仁者は己(おの)れ立たんと欲して人を立て、
己れ達っせんと欲して人を達す

親というもの

親には、いくつになっても
心配される。

「最近どうなの？」
と聞かれ、ちょっと邪険に答える。
「大丈夫だよ、うまくいっている」

その言葉を
どれくらい信じているのだろう。
もちろん

父母には（余分な心配をかけるな。）「病気にならないか」だけを心配させなさい。

すべてがうまくいっているなんて
思ってはいないだろうけれど。
それ以上のことを尋ねることはなく。

「風邪をひかないようにね。
寝冷えに気をつけて」

いくつになっても、最後の言葉は同じ。
きっと自分が寝たきりになったとしても
私にそう話しかけるだろう。
親というものは、ありがたい。

父母唯其疾之憂

（為政第二 - 六）

父母には唯（ただ）、其の疾（やまい）をこれ憂へしめよ

丸ごと信じる

歯に衣着せぬ言葉で
私に意見してくれる人はありがたい。
その人のおかげで成長できる。

一方、私が話したことを
批判もせずに
丸ごと信じてくれる人もいる。

一切の疑いの目も向けずに
素直にすべてを聴いてくれる。

顔回は私に質問したり、反論したりして、私を成長させてくれるような人ではない。けれどもどんなことでも私の言ったことは喜んで聞いてくれる。

まるで幼い子どもが
母の言葉を受けとめるように。

その愚かなほどの素直さが
私を奮い立たせる。
この人を悲しませてはいけない。
この人を喜ばせたい。

信じてくれる人がいることは
自分を強くする。
家族であっても、友であってもいい。
世界中が敵になっても
あの人は味方でいてくれるだろう。
そんな人がいれば無敵だ。

回也非助我者也、於吾言無所不説
(先進第一一 - 四)

回や、我れを助くる者に非ざるなり。吾が言に於て説(よろ)こばざる所なし

派閥には入らない

人は仲間が欲しい。
てっとり早い仲間の作り方は
近くにいる人と仲良くすることだ。
最初の仲間はそうしてできていく。

しばらくつきあっていくと
強い人が弱い人を巻き込んで
グループを作り出す。
周りの人から「〜派」なんて
言われることがあるけれど

君たちが目ざすべきなのは、みんなと等しく仲良くするがグループは作らない人だ。つまらない人は、とかくグループを作って、みんなと仲良くしないものだ。

そのグループにいれば安全だ。
友情のようなものより
お互いの利益でつながっている。

けれど本当に強い人は
誰とも群れない。
誰かの味方になると
誰かの敵になってしまう。
誰とも等しく、敵でも味方でもなく
ただ友人として親しくする。

自分の安全を
誰かに守ってもらう必要はない。
ただの自分として、そこにいるのだ。

君子周而不比、小人比而不周
(為政第二 - 一四)
君子は周(しゅう)して比(ひ)せず、小人は比して周せず

聴けば憎めない

「聴く」という漢字は
耳と目と心の文字が入っている。
心を傾けながら
相手を見つめて
耳を澄ます。

罪を打ち明ける人の話を聴く時
そこに「私」をできるだけ排除しよう。
私の判断や価値観を持ち込まず
相手の心に寄り添う。

本当に仁を目ざしているのならば、人を憎むことはない。

すべてを聴き終えれば
相手を責めることも
憎むこともできるわけがない。
憎むべきは
人ではなく
巡り合わせのようなもの。
もっといい人に出会っていれば。
あの時に、そんなことが起きなければ。
私があなたの人生を生きたのならば
私でも、そうしたのかもしれない。

苟志於仁矣、無悪也
(里仁第四 - 四)
苟(まこと)に仁に志さば、悪(にく)むこと無し

最強のふたり

世の中の情報に敏感で
いつも新しいプロジェクトに関わり
次の社会の姿を見つけようとする
知の人。

自然の中に身を置き
ひとつのことに長い時間関わり
過去から学ぼうとする
仁の人。

知者は早く動くものを楽しみ、仁者はゆったりとした静かな境地を楽しむ。

どちらが良いとか
優れているとか
そんなことはなく。

変化が速い時代だからこそ
知の人の敏感さが生き
先行きが不透明な時代だからこそ
仁の人の落ち着きが必要だ。

ふたりが共にいれば最強だ。
自分と正反対の人とわかりあい
チームを組めたのならば
きっとどんな時代でも生き抜いていける。

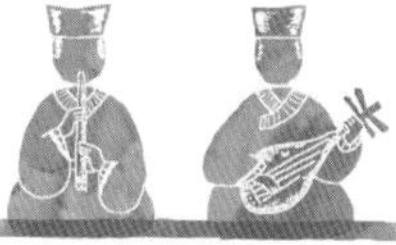

知者楽水、仁者楽山
(雍也第六 - 二三)

知者は水を楽しみ、仁者は山を楽しむ

親を大切にせよ、と言うけれど

親が意見を聞いてくれなくても
逆らってはいけないと
孔子は言う。
親のためにした努力が
認めてもらえなくても恨むなと。

だって親だから。

人間は不完全な状態で生まれてくる。
生まれてすぐは

（父母の間違いに対しては遠回しに諫《いさ》めよ。自分の気持ちに従ってもらえなくても）さらに親を大切にして逆らわず、親のためにした努力が認められなくても恨んではいけない。

一日に七回も八回も乳を飲み
半年以上も歯が生えず
一年以上も自ら立てず
二歳頃まで言葉が出せず
大人の身体になるのに十数年かかる。

その間、ずっと弱々しい生命が
ひとりの人間として育つまで
見守ってくれたのが親だから。

夫婦は紙切れ一枚で縁が切れても
親子はいつまでたっても血がつながる。
関係が深いからこそ
愛情と同じだけのあきらめも必要だ。

又敬不違、労而不怨

（雍也第六－一八）

また敬（つつし）んで違わず、労して怨みざれ

友人には無理強いしない

人との距離感は七割くらいが
ちょうどいい。

友人の生き方に
小さな違和感があれば
さりげなく伝えるが
相手の意志に逆らいはしない。
誰だって自分の道は
自分で選ぶことができる。

友には忠告して善へと導くべきだが、聞いてくれなければ無理強いをしない。

その人の道と私の道が
交わる時期があれば
離れてしまうこともあるだろう。
寂しい気持ちはあるけれど
それぞれが自分にとって
ふさわしい道を選んでいるなら
離れてしまうのも意味があること。
自分の気持ちを押しつける方が
友情を少しずつ壊すことになるから。

友情さえ残っているなら
またどこかで交わる時があるだろう。

その時までは、さようなら。

忠告而善道之、不可則止

(顔淵第一二 - 二三)

忠告して之を善道（ぜんどう）し、不可なれば則ち止（や）む

手負いの人たち

誰もが
誰かに必要とされたい。
誰かに愛されたい。

けれども
仕事がつづけられなかったり
人とうまくつきあえなかったり
そんなことで居場所を失う。

誰にも必要とされず

その人が道を外れているからと、みんなでよってたかって毛嫌いすると、その人はやけを起こしてしまう。

他人を恨み、社会を恨み
自らの命とともに
この社会を壊してしまおうと。
時に刃を振り回し
時に車を暴走させ
罪のない人を道連れにする。
手負いの虎のように
孤独に心傷ついた人間が暴れ回る。

愛情の反対は憎しみではなく
無視と無関心だ。
面倒くさい人に巻き込まれたくない
と無視を決め込む私たちが
手負いの人を増やしている。

人而不仁、疾之已甚、乱也
(泰伯第八 - 一〇)
人にして不仁なる、これを疾(にく)むこと已甚(はなはだ)しければ、乱る

愛される人

年をとっても
子どもみたいに
ひとつのことに夢中になる人は
周りを振り回すけれど
不思議と周りの人に愛される。

自分が失ってしまった
子どもの心を
その人が持っていることに
うれしくなってしまうのか

ひとつのことに夢中になるのにまっすぐでなく、子どもっぽいのにきまじめでなく、馬鹿正直なのに誠実ではない。こういう人はどうしようもない。

ついつい面倒みたくなるのか
周りがその人を放っておかない。

だから「器用にできない」ことを
恥ずかしく思わなくていい。
できないことを
ごまかそうとしたり
ウソをついたりしないでいい。
それはあなたの良さをなくす。

できなくても愛されている。
器用じゃないから愛される。
それがあなたの良さであり武器なんだ。

狂而不直、侗而不愿、悾悾而不信、吾不知之矣
(泰伯第八 - 一六)
狂にして直ならず、侗(トウ)にして愿(ゲン)ならず、
悾悾(コウコウ)にして信ならずんば、吾れこれを知らず

語る時と黙る時

傷つけたり、怒らせたりすることを
恐れていると
大切なことが語れなくなる。
そしていつの間にか
相手の心に触れなくなって
お互いに大切な人でなくなっていく。

気まずい沈黙を埋めるように
言葉を繰り出していくと
意味の無い言葉が空中を飛んでゆく。

話し合ったらいいのにその人と話し合わないと、大切な友人を失う。話し合うべきではないのに無理して話し合うと、言わなくてもいいことを言ってしまう。

心に届くことのない
軽い言葉が
ブーメランのように
自分のところに戻ってくる。

大切な人を失わないためには
言葉を語りきる勇気と
沈黙を楽しむ余裕がほしい。

可与言而不与之言、失人、不可与言而与之言、失言
(衛靈公第一五 - 八)

与(とも)に言うべくしてこれと言わざれば、人を失う。

与に言うべからずしてこれと言えば、言を失う

まっすぐに言おう

自分が思ったことを
まっすぐに言葉として発せられないのは
自分が嫌われたくないからだ。
相手を信頼していないからだ。

「あの人がこう言っているんだけれど」
と人の言葉を借りて話したり
比喩を使ってかえってわかりにくくしたり…。
傷つけないように、と言いながら
嫌われないようにしているだけかも。

言葉というものは飾ったりする必要はなく、意味をまっすぐ相手に伝えることが大切だ。

相手がその話を「自分への批判」として
とらえてしまうんじゃないかと
心配するのは
相手の人間性を信用していないということ。

気遣いという名のもとに
隠された自衛と不信。

まっすぐに言おう。
相手はまっすぐに聞いてくれる。
まっすぐに聴こう。
あなたを傷つけるために言っているわけじゃない。

辞達而已矣
(衛靈公第一五 - 四一)
辞は達するのみ

一生の友

同じ志を持って
共に語り合い、行動した。
そんな時を共にした友は
大切な存在だ。

長くつきあえば
ちょっとしたことに失望したり
裏切られたと感じたり
音信不通になったり
何を考えているのかわからないと

自分と志が違う人を友人にしてはいけない。

感じることもあるだろう。
けれど
久しぶりに会って
お互いの大切な志が
変わっていないことがわかれば
時の隔たりは一瞬のうちに埋まる。
そんな友が一生の友。

無友不如己者
(子罕第九 - 二五)
己に如(し)かざる者を友とすること無かれ

血はつながらなくても

兄弟がいないことや
親が亡くなってしまったことは
確かに寂しいだろう。

けれど、わかりあえない兄弟がいるより
志が同じ友人といる方がずっと楽しい。
あなたの生き方を邪魔する親がいるより
背中を押してくれる上司がいる方が
ずっと頼りになる。

誠実につきあえば世界中の人はみんな兄弟となる。

血のつながりがなくても
強い絆で結ばれることはある。
あなたが
兄弟や親のように接すれば
相手にとってもあなたは
兄弟や子どもになる。
せっかく差し出してくれる手を
振り払ったりしてはいけない。

自分にないものを
いつまでも嘆かず
そこにある見えない絆に気づこう。

四海之内、皆為兄弟也
(顔淵第一二 - 五)
四海の内は皆な兄弟たり

親の年齢を考える

親の年齢を思い出す時、
自分の年に足してみる。

父が30歳、母が22歳の時に
私が生まれたのだから…。
自分が年齢を重ねた分だけ
父と母も老いていることに驚く。

そして
いまの私の年齢の

親の年は知っておかなければいけない。（ひとつは長生きを喜ぶためであり、ひとつは老い先を気遣うために。）

父と母の様子を思い出しては
自分はまだまだ青いなと感じる。

子どもには言えない苦労をしながら
育ててくれたのだろう。
自分が親になったからこそ
わかることがある。

父と母と一緒にいられる
残りの時間を考えてみる。
永遠にはつづかない
この時間をどう過ごそうか。
多くの思い出をもらったから
今度は私が思い出をつくろうと思う。

父母之年、不可不知也
(里仁第四 - 二一)
父母の年は知らざるべからざるなり

いつでも待っている

あなたが望むことであれば。
たとえ私にとっては
納得できないことであっても
寂しい別れとなったとしても
わかったよ
応援するよ
がんばって
という言葉しか言えず。

失敗して帰ってきても

愛しているならば励まさずにいられない、誠実であるならば人を教え導かずにはいられない。

おかえりなさい
と自然に迎え入れる。
あなたが話したければ
なぜうまくいかなかったのか
耳を傾け、求められれば
自分なりの意見を言おう。

だからいつでも出ていきなさい。
そしていつでも帰ってきなさい。

別れる準備も
迎える準備もできている。

愛之能勿労乎、忠焉能勿誨乎
（憲問第一四 - 八）
これを愛して能く労すること勿（な）からんや。
忠にして能く誨（おし）うること勿からんや

大切な人を失って

死によって
大切な人の一生は終わるが
その死は私の心に一生刻まれる。

孔子でさえ
愛する弟子の死を受けとめられず
天は吾を滅ぼした、と嘆いた。
大切な人の旅立ちによって
自分の人生が終わってしまったようだと。

あぁ、天は私を滅ぼした。天は私を滅ぼした。（顔回の死を悼んで。）

それまでの価値観さえも揺るがすような
大切な人の喪失。
自分の人生が終わって
「。」がついたわけじゃないけれど
確実に「、」がついて
いままでと違う人生の文節が始まる。

「、」は、息を吸う印
ゆっくりと深呼吸をする時。
人生の中で少し立ち止まって
嘆き悲しんでもいい時間。

時が癒してくれる。
そしてまた新しい文節が始まる。

噫天喪予、天喪予
（先進第一一 - 九）
噫（ああ）、天予（われ）を喪（ほろ）ぼせり、天予を喪ぼせり

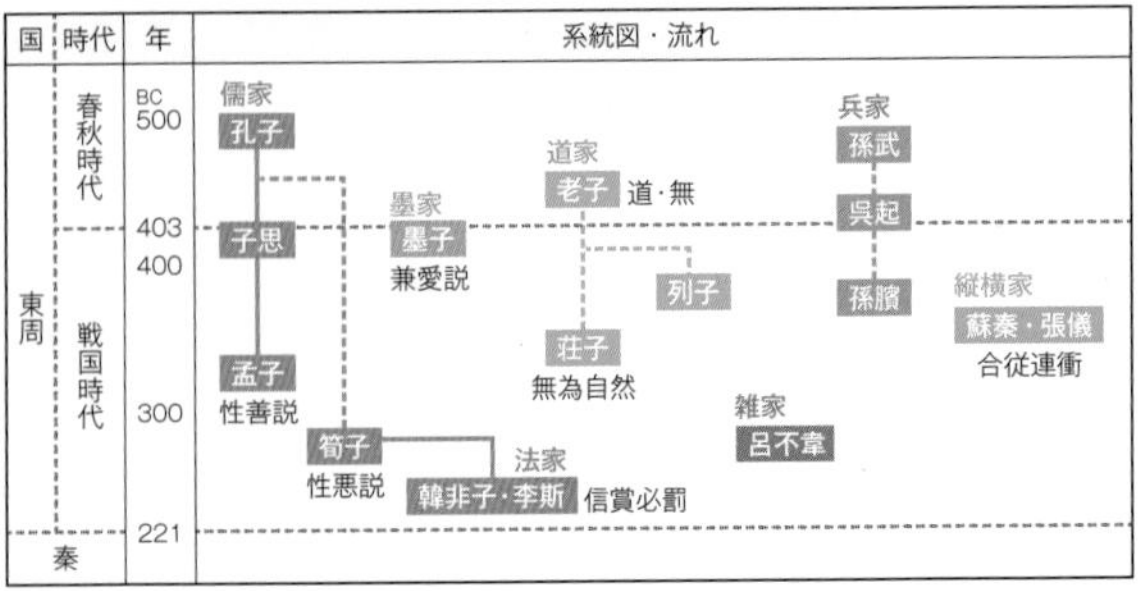

コラム 諸子百家《しょしひゃっか》

中国の春秋戦国時代に現れた学者・学派を「諸子百家」と言います。「諸子」は孔子、老子《ろうし》、荘子《そうし》、墨子《ぼくし》、孟子《もうし》、荀《じゅん》子《し》などの人物、「百家」は儒家、道家、墨家、名家、法家などの学派を指します。周王朝が衰え、天下が騒然としていた時代に、諸侯のそれぞれが天下の覇者となるべく機会をうかがっており、彼らを支える思想家達が登場しました。孔子が起こし孟子・荀子に引き継がれる「儒家」、墨子による「墨家」、老子と荘子による老荘思想を中心とした「道家」などがあります。孔子の「儒教」は封建制度を基本として祖先崇拝、家族愛が中心思想でしたが、「墨家」は博愛主義を主張しました。また「道家」の老荘思想は、人間を越えた宇宙を支配している存在「道(TAO)」を思想の中心としており、無為自然を説き後の仏教とくに禅宗の成立に大きな影響を与えました。

第四章　生きる

謝らない過ち

もちろん
間違えないのが一番いいのだけれど
人間だから間違えるわけで。

相手への不満や
不信があったり
認めたくなかったり
交渉で負けたくないと
計算すると
素直に改めたり

（人は誰でも間違いを犯すものだ。）間違いを言いつくろって誤ちを認めないこと、改めないこと、これが本当の誤ちだ。

謝ったりできない。

けれど
あなたがうまくごまかしたと思っても
人はちゃんとわかっている。
叱るのが面倒だから
あるいは今回だけは許そうと思って
ごまかされたフリをするだけなのだ。
まっすぐに謝らなかったこと
これが最大の過ちだ。

過而不改、是謂過矣
(衛靈公第一五 - 三〇)
過(あやま)ちて改めざる、是れを過ちと謂(い)う

実行しない決断は意味がない

大切なことを決める時
慎重になることは肝心だ。
一度決めたとしても
単なる思いつきではないか
他の方法はないのか
本当にこれでいいのか
結果としてうまくいかなかったとしても
後悔しないか
もう一度考えてみよう。

二度考えたら十分だ。（考え過ぎは良くない。）

頭と心で二度考えて
それでも気持ちが変わらないならば
もう動き出そう。

動き出すにはタイミングがある。
動きつづけるにはエネルギーがいる。
グズグズ考えすぎて
その両方を失わないうちに
決断を実行に移すのだ。

二度考えたら、目をつぶって歩き出せ。

再思斯可矣
（公冶長第五 - 二〇）
再び思えば斯（すなわ）ち可なり

自分に見切りをつけない

「わたしは、失敗をしたことがない。
うまくいかない一万通りの方法を発見したのだ」
と言ったのはトーマス・エジソン。

成功するまで繰り返すならば
失敗など存在しない。

多くの人は
自分が無理なくできるところまでやって
後は諦めてしまう。

力の足りない者は進めるだけ進んで途中でやめることになるが、いまのお前は進むこともなく自分から見切りをつけている。

成功に至っていないだけなのだから
成功するまで諦めなければ
いつかきっと成功するのに。

そして、もっと残念なのは
試してみる前に
できるわけないと自分を見切ってしまう人。
やろうとしなければ
うまくやれない自分を見ないですむ。
「やりたくなかった」とウソぶいていればすむ。

自分で決めた枠の中にいれば
確かに苦しまずに生きていけそうだけれど。
本当にそのままでいいの？

力不足者、中道而廢、今女画
（雍也第六 - 一二）

力足らざる者は中道にして癈（はい）す。いま、女（なんじ）は画（かぎ）れり

悪口を言う暇はない

確かにあの人は困ったものよ。
だからと言って
もう一時間もあの人の話。
嫌いなのに
本当によくあの人のことを
観ているよね。

それより、あなたはどうなの。
そんな人とずっと一緒にいて
いつも腹を立て

（とかく人を批評したがる賜に）賜君よ、お前は賢いね。私には
人の悪口を言っている暇はない。

ずっと心をかき乱されたままでいいの？
だって、あの人は変わらない。
あの人の悪口を言いつづける人生のままでいいの？

あ、ごめん。
もしかしたら、それでいいんだよね。
いつまでもあの人のせいにしていれば
あなたは自分の人生に向かわないですむ。
自分が不幸なのは
自分のせいではなくて
あの人のせいだから。

でもさ、うかうかしてると
幸せになる暇がなくなるよ。

賜也賢乎哉、夫我則不暇
（憲問第一四 - 三一）

賜（し）や、賢なるかな。夫（そ）れ我れは則（すなわ）ち暇（いとま）あらず

立派なことは言うけれど

他人には
立派な話ができるのに
自分のことになると
からきしダメで。

昨日、自分がしたような説教を
今日は他の人から受けたりして。
人に放った言葉を
思い出して
恥ずかしくなる。

立派な徳を持っている人は必ず立派なことを言う、立派なことを言う人に必ずしも立派な徳があるわけではない。

人に説教するからといって
自分がいつもできてるわけじゃない。

けれど、すべてができていなくても
言うべき立場もある。
伝えなくてはいけない言葉もある。

だったらその言葉は
自分にも一緒にぶつけよう。
ひとことひとこと
自戒の念を込めながら。
今日から、その言葉にふさわしい
自分になれますように。

有徳者必有言、有言者不必有徳
（憲問第一四 - 五）
徳有る者は必ず言あり。言有る者は必ずしも徳あらず

反省しても、後悔しない

一日に何度か
自分の行いを反省するのは良いけれど
同じ行いを
何度もふりかえる必要はない。

「あれは良くなかった。今度はこうしよう」

と振り返って改めることが反省。

「ああ、しまった。失敗した」

とくよくよするのが後悔。


私は毎日何度か、自分の行いについて反省する。（人のことを考えてまごころで対応できたか。友人たちとのつきあいの中で、信頼を失うようなことはなかったか。よく勉強していないことを知ったかぶりして教えたのではないかと。）

反省は一度で終わり
後悔は引きずりつづける。
後悔は、次の行動を躊躇《ちゅうちょ》させ
あなたを優柔不断にさせる。

今日のことは
今日反省して終わらせよう。
後悔はいらない。
明日がきたら、改めよう。

そして、今日はゆっくり眠ろう。

吾日三省吾身
(学而第一 - 四)
吾れ日に三たび吾が身を省みる

人に会おう、外に出かけよう

食べて、寝て、
ひとりでゴロゴロしていれば
一日は過ぎてゆく。
そんな日がつづいているならば
外に出て
誰かと一緒に遊んでみよう。

あなたはいま「人生ゲーム」の盤上にいる。
何も進めずにいるとしたら
「一回休み」のマスにいるだけ。

すごろくや碁などの遊びがあるではないか。何もせずにゴロゴロしているよりましだ。

さいころを投げるタイミングは
きっともうすぐやってくる。
自分ひとりで
もう一度はじめるチャンスを
つかもうとしなくてもいい。
あなたが人に関わっていれば
きっかけは誰かが運んでくれる。
勇気を出して次のマスへ進んでみよう。

楽しいばかりのゲームではないけれど
大逆転だってあるのが
人生ゲームなのだ。
鍵を握るのは、人との出会い。

不有博弈者乎、為之猶賢乎已
(陽貨第一七 - 二二)

博奕(はくえき)なる者あらずや。

これを為すは猶(な)お已(や)むに賢(まさ)れり

ぼんやりとして見える人

その人があまり語らないのは
考えていないからなのか。
言葉を持っていないからなのか。
あるいは
言葉が持つ力をよく知っていて
誰かのことを傷つけるのを
恐れているからかもしれない。

その人があまり騒がないのは
楽しくないからなのか。

まっすぐで意志が強く素朴で寡黙な人こそ、人間らしい優しさを持っているものだ。

友達がいないからなのか。
あるいは
酒場には
悲しみを抱えた人もいると
知っているからかもしれない。

語らない理由も
人と騒がない理由も
その人が明かすことは
ないかもしれないけれど。
ただぼんやりして見える人が
本当に優しい人であることも多い。

剛毅木訥近仁
（子路第一三 - 二七）
剛毅木訥（ごうきぼくとつ）、仁に近し

声なき多数派のままでいない

多くの人で何かを決める時
多数決がものを言う。
全員一致は気が遠くなるし
くじ引きやじゃんけんで
決めるわけにもいかない。

けれど多数決や選挙が
ひとり一票なんていうのは幻想だ。
声の大きな人の意見に引きずられるように
ものごとが決まっていく。

優れた人は、人と和やかに過ごすが、考えないまま誰かについていくことはない。つまらない人間は人についていくが、気持ちをひとつにするわけではない。

声なき多数派は
心から納得しているわけではないけれど
あえて反対することもしない。
大勢の中に自分をまぎれこませ
「みんな、そう思うからいいんじゃないの」
と、問題と自分との関わりを断つ。

そして居酒屋でグチを言う。
声を出せなかった罪悪感を
守られている場所で発散させる。
そのずるさに気付いたならば
自分なりの意見を持つことから始めよう。
引きずられることなく
だまされることなく見つめてみよう。

君子和而不同、小人同而不和
(子路第一三 - 二三)
君子は和して同ぜず。小人は同じて和せず

頂上につながる道が見えてくる

40歳、役職についたり
今度こそ骨を埋める覚悟で仕事を変えたり
自分の進む道が固まってくる。
50歳、仕事人生も仕上げに入り
子どもたちも巣立ち
自分の人生を改めて考える。
山のぼりだと、ちょうど山頂にさしかかる頃。
疲れもピークになり

四十歳になった時に自分の進むべき道がしっかりと見えてきて、五十歳になると自分に課された役割がこれ以外にはないとわかった。

なかなかしんどい場所でもある。
もう少しだ。
もうひとがんばりすることで
いままで歩いてきたことが意味を持つ。

ここまでは道を探りながら
悩みながら歩いてきた。
これは本当に私が歩むべき道なのか。

けれどもいまは登るべき道が見える。
若い時に描いていたものとは
違っていたとしても
自分が歩いてきた過去からつながる
自分だけの頂上への道が見える。

四十而不惑、五十而知天命
(為政第二 - 四)
四十にして惑わず。五十にして天命を知る

大勢の意見だからと信じるな

ワイドショーを見ていると
どの番組でも同じ話題。
みんなで打合せでもしているのだろうか
参加者たちが口々に
似たようなコメントを言う。

同じことばかり聞いているから
テレビを見ている人たちも
同じ意見をもつことになる。

大勢の人が憎むことも、大勢の人が好きになることも必ず調べてみるのが大切だ。

みんなで、ある人を応援し
応援が行き過ぎるとバッシングが始まる。
誰かが糾弾されると
昔のことまでほじくりかえされ
その家族や友達までも追いかけられる。
学校の中のいじめは
社会のこの風潮と同じだ。

自分が「みんな」の一人であることを自覚しよう。
真実を知らないのに
いかにも真実らしく語る人の作り話を
信じ込んでいないだろうか。
一緒にいじめに加担してはいけない。

衆悪之必察焉、衆好之必察焉
(衛靈公第一五 - 二八)
衆これを悪(にく)むも必ず察し、衆これを好むも必ず察す

死んだらどうなるのか

死んだらどうなるのか。
三途の川を渡って
えんま様の所にいくのだろうか。
亡くなった人と会えるのだろうか。

たったひとつ確かなことは
それは死ななければわからないということ。
死んだ時にわかるということ。

「死」から向こうは

生というものが理解できていないのに、どうして死が理解できるだろう。（現実を大切にしなさい、死んだ人よりもまず生きている人につきあいなさい。）

いまの自分の手に負えない。
考えても、恐れても仕方がない。
大切なのは死ぬ一瞬前までの
「生」にどう向かっていくのか。

人は生まれた瞬間から
いつか死ぬことを宿命づけられている。
終わりがあるから
毎日を大切にできる。
自分の生きる意味や
生まれてきた理由を
考えながら
死の一瞬前まで生きつづけるのだ。

未知生、焉知死
（先進第一一 - 一二）
未だ生を知らず、焉（いずく）んぞ死を知らん

貧しいと心が痛む

貧しさが怖いのは
食べられないだけでなく
心が痛めつけられることだ。

笑顔がかわいい子どもたちが
世の中を恨む親に育てられると
世の中を恨むようになる。
同じ人間なのに何が違うのだと。
自分がいまこうして貧しいのは、なぜだ。
あの時、いじめられたのも

貧乏で人生を恨まないでいるのは難しい。お金持ちでいて威張らない方が、まだ易しい。

あんな悪い友達ができたのも
世の中が悪い。

どうせ自分は幸せになれないんだ。
そんな風に育ってしまうと
目の前に幸せがあったとしても
自分には不似合いだからと手にとろうとしない。

恨みの連鎖を断ち切らなければ。
恨みを力に変えて
自分や世の中を変えていくのだ。
自分のような子どもを応援することで
傷ついた心がきっと癒されていく。

貧而無怨難、富而無驕易
（憲問第一四 - 一一）
貧しくして怨むこと無きは難（かた）く。
富みて驕（おご）ること無きは易（やす）し

理不尽を悲しむ

ある日突然
まだ人生の楽しさも
喜びも知ることがないまま
灯火が消える命がある。

何かを成し遂げようと歩き始めたのに
道半ばで絶える命がある。

神様の戯《たわむ》れとしか
思えないような

（突然の死によって）苗のままで穂を出せない人もいるのだなぁ。穂を出しても実らせられない人もいるのだなぁ。

このできごとを
どう理解すれば良いのだろう。

何が悪かったのか
何のせいなのかと
その死の意味を探しても
私たちには
与えられた寿命の長さも
その意味も知ることができない。

理不尽なことだと
ただ怒り、悲しむことしか
できないのだ。

苗而不秀者有矣夫、秀而不実者有矣夫
(子罕第九 - 二二)
苗にして秀(ひい)でざる者あるかな。秀でて実らざる者あるかな

人生は流れつづける

人生は
流れつづける川のようなものだ。
過去はもう見ることも
触ることもできず
経験できるのは「いま」だけ。
そして
それも一瞬で過去になる。
楽しい時を止めておけないように

できごとと思い出のすべてが、この川の流れのように、昼夜となく流れてゆく。

悲しい時も止まらずに流れていく。

つらいことがあっても
それが永遠ではなく
いつか流れていくとわかっていれば
耐えていける。

幸せな時は
それが永遠ではなく
いつか流れていくとわかっていれば
より大切に味わえる。

逝者如斯夫、不舎昼夜
（子罕第九－一七）

逝く者は斯（か）くの如きか。昼夜を舎（や）めず

死後に何を残すか

死後に、あなたは何を残したいだろう。

こんな優れた人がいたと
名を残したい人もいるだろう。
こんな優れたものを作ったと
作品を残したい人もいるだろう。

私は自分の生き方を
親しい人に思い出として残したい。
いつか旅立った後

君子は（生きているうちは認められなくても）死後に名前が讃えられることを願っている。

友人や家族たちに
あんな自由な生き方はいいよね
と呆れられながら笑われたい。

そうなるように
もっともっと
人生を楽しんで
自由に生きていきたい。

あなたは何を残すために
どんな風に生きていきたいですか？

君子疾沒世而名不称焉
（衛靈公第一五－二〇）
君子は世（よ）を沒（お）えて名の称せられざることを疾（にく）む

変わらぬ人の営み

２５００年前に生きた
孔子も
自分の時代より過去の
学問や芸術をヒントに
自分の生き方を見いだした。

生きている環境は違っても
人は皆、母から生まれ
誰かに育てられ
必要なことを学び

古いことを習熟し、そこに新しい価値を見いだしていく。

家族をつくり
助け合い
命を食らって
衰えて死んでいく。

すべての政治も経済も芸術も
そうした人間の営みと感情に集約されていく。

過去から学ぶことはたくさんある。
それはいまと同じように
喜び、悲しみ、笑い、憎み、愛し、怒り、戦う
人類がつくってきたものなのだから。

温故而知新

(為政第二 - 一一)

故（ふる）きを温（たず）ねて新しきを知る

もしも私がそうであったら

今日のご飯も食べられないような
極貧の中で
悪いことをせずに
生きていける人は
本当に「善良な人」だ。

誰もがうらやましがるような
豪華な生活をしながら
周りの人に心から感謝して
生きている人は

つまらない人間は貧乏な生活をつづけることはできない。(貧乏なままだと悪事を働くようになる。) 安楽な生活をつづけることもできない。(安楽なままだといばりちらすようになる。)

本当に「優れた人」だ。

ほどほどの生活をし
ほどほどの幸せを感じ
法を破らなければいけないような苦難もなく
自分を叱ってくれる人がいて。
そんな生温い環境の中にいる私には
道を外れた人のことを
一概に悪人だとは言いきれない。

自分だって
そこにいれば
そうなっていたかもしれないのだから。

不仁者不可以久処約　不可以長処楽
（里仁第四－二）

不仁者（ふじんしゃ）は以て久しく約に処（お）るべからず。
以て長く楽しきに処るべからず

コラム　日本における論語

『論語』が大陸から朝鮮半島を渡って日本に伝えられたのは、応神《おうじん》天皇の御代だと言われています。『論語』の思想的影響は、飛鳥・奈良時代に中国を模範として律令国家を作り上げようとする天皇をはじめ、宮廷貴族の間に広がりました。その後も戦乱の南北朝・室町時代にも広く読まれていますが、特に江戸時代に入り、徳川家康が『論語』を奨励。長く徳川幕府の文教政策として尊ばれました。元禄の頃には、書物の上で『論語』を理解しているのに実行が伴わない人に対して「論語読みの論語知らず」という言葉が流行したほど、『論語』は武士だけでなく一般町人まで身近な存在でした。中国で生まれた『論語』ですが、日本人にとってどこか身近なのはこうした長い歴史があるからなのです。

第五章　磨く

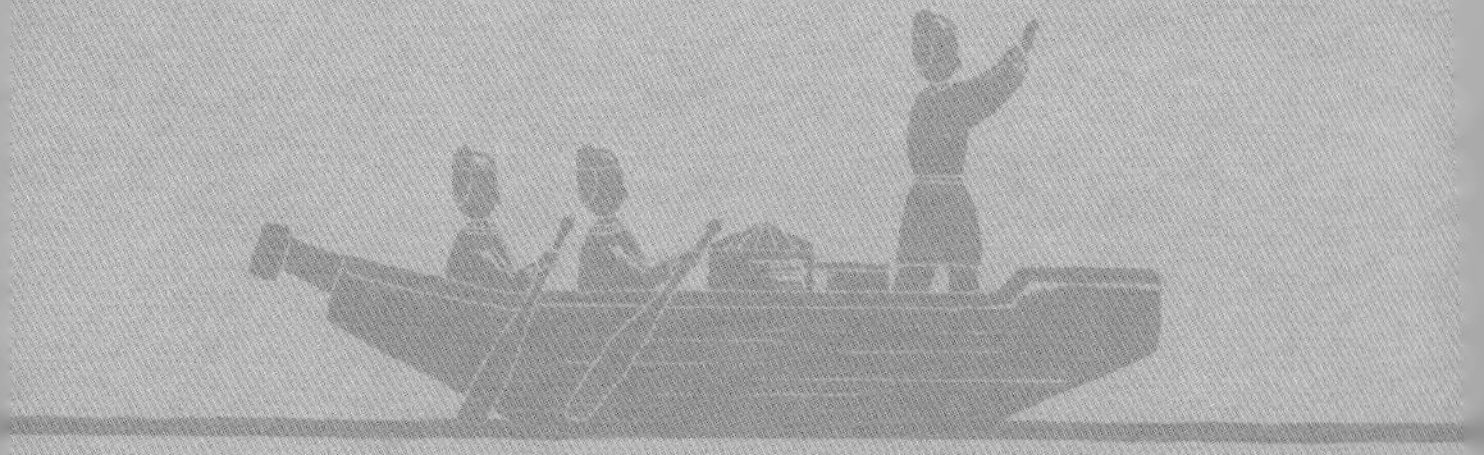

まっすぐ生きる

天とか
神とか
仏とか
運とか。
古来より人間は
人智を越えた何かを恐れ
何かに生かされていると思っている。
「お天道様が見ているよ」
と言われて育ってきたから

人間が生きていられるのは、まっすぐに（素直に正しく）生きているから。ごまかして生きている人がいるとすれば、まぐれで助かっているだけだ。

自分のすべては
お天道様に知られていると
ドキドキする。

自分の使命を果たさずに
どこかで間違った人生を
送ったのなら
いつかしっぺ返しがくるだろう。
その間違いが大きければ大きいほど
もう一度生き直せと揺さぶられる
反動も大きいだろう。

お天道様に恥ずかしくないよう
まっすぐに与えられた命を生きたい。

人之生也直、罔之生也、幸而免

(雍也第六 - 一九)

人の生くるは直(なお)し。これを罔(し)いて生くるは、
幸(さいわい)にして免(まぬが)るるなり

争わない

人と人との言い合いは
どちらが勝って
どちらが負けたか
わからない。
強気で攻めて
自分の言い分が通っても
「あの人とは距離をおこう」と
周りの人に思われたなら
それは勝ったのではなく
大切なものを失ってしまったこと。

私たちが目ざすべきは、日常生活の中で争いごとを起こさないことだ。

どんなことでも
勝負になると面倒だ。
勝てば驕《おご》りが生まれてくるし
負けた人に憎まれる。
負ければ悔しいし
勝った人を恨み、妬む。

人生は勝負じゃないし
勝ち負けではない。
私たちは戦士じゃないし
傷つけあうのは好きじゃない。
愛するために生まれてきたのだ。

君子無所争
（八佾第三－七）
君子は争（あらそ）う所（ところ）なし

何をなすか、どうあるか

孔子は
「お年寄りに安心され
友人に信頼され
若者に慕われる人になりたい」
と語った。

人生の目標を考える時
人は「何をするか」と考えがちだ。
何かをするために
生まれてきたと思っているから。

お年寄りには安心され、友人には信頼され、若者には慕われるようになりたい。

けれど、本当は
何かをしてもいいし
しなくてもいい。

支え合いながら
生きている私たちにとって
大切なことは
身近な人たちを愛し、愛されること。
この人たちに対して
どんな自分であるかが大切だ。

何をなすか、だけでなく
どんな人であるか、を考えよう。

老者安之、朋友信之、少者懐之
（公冶長第五 - 二六）
老者はこれを安んじ、朋友はこれを信じ、少者はこれを懐（なつ）けん

夢を実現する人

大きな夢を語るリーダーが
注目を浴びるけれど
語るだけでは何も変わらない。
変えることができる人は、動く人。

立派な目標をつくっても
実際に誰かが動き出さなければ
それは幻に過ぎない。

優れた人は口が重くて口下手でも、迅速に行動したいと望むものだ。

幻を現実にするためには
最初に動き出す人が必要だ。
すぐに試してみる。
すぐに行ってみる。
すぐに頼んでみる。
すぐに片付ける。
すぐにお礼を言う。

ひとつひとつは小さな行動かもしれない。
けれどもそうして
具体的に動きだす人こそが
幻のようだった夢を
現実に変える力を持つ。

君子欲訥於言、而敏於行
(里仁第四 - 二四)
君子は言(げん)に訥(とつ)にして、行いに敏(びん)ならんことを欲す

「良い」「悪い」が言えますか

「良い」とか「悪い」とか
そんなことが
次第に言えなくなっていく。

若い頃は
「良い」と思う方に突き進み
「悪い」と思うことを非難し
排除しようとしてきた。

けれども

真に人を思いやる人だけが、（私心がないから）冷静に判断して良い人を愛することができ、（正しく公平な態度で）人を憎むことができる。

一方に「良い」ことは
一方に「悪い」ことなのだ。
見えていた世界が狭いから
言い切れた「良い」「悪い」がある。
いまではその言葉が誰かを傷つけることも
時にはその刃が自分に向くのも知っている。
だから当たりさわりのない感想と
耳障りのいい言葉を口にして
その場を切り抜けようとする。

それに気付いたいまだからこそ
それでもなお
「良いものは良い」「悪いものは悪い」
と言える賢さと強さと優しさが欲しい。

惟仁者能好人、能悪人
(里仁第四 - 三)
惟(ただ)仁者のみ能(よ)く人を好み、能く人を悪(にく)む

正しさを主張しない

人として正しいと思うことを
実行するのは素晴らしい。
間違っていると思うことを
間違っていると伝えるのは
正直で勇気があることだ。

しかし、どこかに
「自分は正しいことをしている」
「自分は正しいことを知っている」
という、自分の正しさや賢さを

立派な人格の人は、人間としての枠からはみ出ることはない。
未熟な人は、多少はみだしても仕方がない。（しかしそれでも、
人格を高めるように努力しなければいけない。）

ひけらかしたい思いはないだろうか。

本当に立派な人は
さりげなく目立たぬように
正しいことをするけれど
どうも私は
正しさを主張し、その見返りを
どこかで求めてしまうのだ。

そんな自分に気づき改めようと決意する。
でも、また同じ繰り返し。
そうやって恥ずかしい思いをしながら
少しずつ成長していると思いたい。

大徳不踰閑、小徳出入可也

(子張第一九－一一)

大徳は閑（のり）を踰（こ）えず。小徳は出入して可なり

言葉だけではつづかない

言葉によって、人の注目を集められる。
言葉によって、人を酔わせることができる。
多くの人に称賛され
期待してると言われると
自分が偉くなったような気がする。

けれども、言葉だけではつづかない。

その人が発する言葉は
高級レストランの料理につけられた

言葉が大風呂敷を広げて実行以上にならないようにしなさい。

大層な名前と盛りつけのようなもので
結局はおいしくなければ
次の来店はない。

もう一度行ってみたい
と思わせるお店は
料理の見せ方があまり上手じゃなくても
料理が本当においしかったり
愛情あふれる接客で
自分を大切にしてくれるような店だ。

言葉は人を魅了するけれど
それだけで長いおつきあいはできない。

君子恥其言而過其行也
(憲問第一四 - 二九)
君子は其の言の其の行に過ぐるを恥ず

苦しさを乗り越える時

生きていればいくつもの危機が訪れる。

大きな病気になったり
職を失ったり
大切な人と別れたり
事故に巻き込まれたり…。
自分自身に訪れた危機を
どう乗り越えるか。
苦しんでいる身近な人を
どう支えるか。

気候が寒くなってから初めて、松やひのきの葉は青々として散らないことがわかる。

苦しさを乗り越える時に人の真価が見える。

人生が冒険であるとするならば
平穏な日常は
苦しさを耐える力や
雄々しく立ち上がる力を
蓄えるためにある。

その危機を乗り越えれば
また平穏な毎日が待っている。
けれど人は知っている。
あなたがその時、勇敢だったことを。
あなたにも、周りの人にとっても
以前とは少し違う日常が始まる。

歳寒、然後知松柏之後彫也

(子罕第九 - 二九)

歳(とし)寒くして、然る後に松柏(しょうはく)の彫(しぼ)むに

後(おく)るることを知る

願いが叶ったその後に

自分にとって最良の生き方を
教えてもらえたら
その瞬間に人生を終えてもいい。

だって、生きている間ずっと
それを探しつづけているのだから。

人は現世ではひとつの人生しか
生きることができない。

自分にとって最良の生き方を教えてもらったら、いつ死んでもいい。

誰もが
良かれと思って道を選び
知らぬうちに間違える。
道はいつでも選び直せるのに
なぜだかその道を
歩きつづけなければいけないと
思い込んで苦しんだりして。

死の一瞬前に
自分の人生をふりかえって
いろいろ間違ったけれども
この人生は最良の学びであったと
思えたのならば幸せだ。

朝聞道、夕死可矣
(里仁第四 - 八)

朝(あした)に道を聞かば、夕(ゆうべ)に死すとも可なり

覚悟を持って動く

誰だって
困ったことが起きるけれど
そこでどんな自分でいられるかに
本来の人間性が出る。

災害や事件、事故
突発的なできごとに
心と身体が勝手に動きだす。

責任を放り出し、逃げ出す人もいる。

君子ももちろん困窮するよ、だけど小人は困窮すると見境のつかないことをやってしまうものだ。

取り乱して判断を誤る人もいる。

けれど、そんな時に
個人の感情を押し殺しても
やるべきことを果たそうと
覚悟を持つ人がいる。

身の危険をかえりみず
住民のために叫びつづけた公務員がいる。
自分の家族の元に戻らず
人を助けつづけた消防士がいる。
ここに君子の生き方を見る。

君子固窮、小人窮斯濫矣
(衛靈公第一五 - 二)
君子固(もと)より窮す。小人(しょうじん)窮すれば斯(ここ)に濫(みだ)る

後は任せることができる

リーダーとは
どの山に登るのかを指をさす人。
「みんなであの山の上に行きたい」

山の登り方はいろいろあって
体力勝負で一気に登っていく方法もあれば
キャンプを張りながら
慎重に登っていく方法もある。

「登り方はどうでもいいよ。

君子は基本的には大きく正しい立場をとるが、些細なことにはこだわらない。

半年後に頂上にたどりつけるならば
方法はみんなで決めていいよ」

目的と目標
使える資源は決めるけれど
それをどう生かすかはメンバーに任せる。
いいリーダーがいると
メンバーは考える余地ができる。
自分たちの力で進んでいると実感しながら
頂上をめざしていける。

自分が決めることと
任せることを区別する。
それがリーダーのひとつの仕事。

君子貞而不諒
(衛靈公第一五 - 三七)
君子は貞(てい)にして諒(りょう)ならず

自分が生き方をつくる

すべての人にあてはまる
正しい生き方とか
こうあるべき生き方とか
そんなものはなくて。

この時代、ここに生まれた
私がどう生きるか。
いま与えられた場で
がむしゃらに生きる。
そこに充実した

人があって、そこに正しい生き方ができてくる。正しい生き方があって、そこに人があるわけではない。

私だけの生き方がある。

こうしなければ
こうするべき
こう生きるべき。
そんな型は捨ててしまえ。
いただいた命を
燃やし尽くすことを大切に
立ち止まる時間があっても
死ぬ一瞬前まで
前に進むことを諦めずに生きられたら
それはきっとすばらしい人生。

人能弘道、非道弘人也

（衛靈公第一五 - 二九）

人能く道を弘（ひろ）む。道、人を弘むに非（あ）らず

人は多くの顔を持つ

会社にいても
リーダーとして指示する時と
仲の良い同僚と話す時と
お客様に対応する時では
選ぶ言葉や態度が違うはずだ。

親として、子どもとして
住民として、友人として…
立場や相手によって
使う顔は異なるものだ。

(君子は三種の変化がある、同じ人なのに) 遠くから見ると威厳があり、近くに寄ると温かで穏やかで、その言葉を聞くと迫力がある。

人としての一貫性を保つとは
いつでも誰にでも
同じ顔をしていることではない。
異なる場で、違う顔を使いながら
自分が大切にしている信念を
貫きやすくすることだ。

遠くの人からは怖がられても
身近な人から親しまれる。
そんな人なら信頼できる。

望之儼然、即之也温、聴其言也厲
(子張第一九 - 九)
これを望めば儼然(げんぜん)たり、これに即(つ)けば温なり、
其の言を聴けば厲(はげ)し

自分なりのリーダー像を描く

「リーダー」という人が
何をする人なのか
業務や行為では定義できない。

自ら未来を指し示しながらも
部下に未来を描かせ
人を教えながらも
人に助けてもらい
和を尊びながらも
突然、勝手なことをやり始め

(器はひとつの用途にしか役立たない。) リーダーの働きは、器のように役割がひとつに決まっているものではない。

仲間を大切にしながらも
時には自分の思いを貫き通す。

形もなく、日々変化し
場によって異なる。

この役割を担えばいい
この働きを果たせばいい
と世の中で決まっていれば簡単なのに。
自分なりに選んでいくことしかできない。

選んではぶつかり
進んではつまづきながら
自分なりのリーダー像をつくっていく。

君子不器
(為政第二 - 一二)
君子は器ならず

まっすぐに降りていく

60歳、人は老いると頑固になると
思っていたが
孔子は「人の言葉に素直になれる」という。

若い頃は人が注意をしてくれても
自分が正しいと曲げなかったり
間違いがわかっても謝れなかったり
逆に相手を責めたりするものだ。
自分の弱さも強さも
相手の立場も気持ちもわかるようになって

六十歳になって人の言葉に素直に耳を傾けることができるようになり、七十歳になると思うままにふるまっても道を外れないようになった。

初めて人の言葉を聴くことができる。

70歳、思いのままに振る舞っても
そう間違ったことはしないだろう
道を誤ることはないと
やっと自分のことを信じられるようになる。

もう頂上は過ぎ
いつの間にか山を下り始めている。
帰り道だと思えば
自分が歩くべき道をまっすぐ降りていける。
自分に不要なものは求めなくなる。
そんな境地になれるとしたら
まだ見ぬ道を降りていくのが楽しみだ。

六十而耳順、七十而従心所欲、不踰矩
（為政第二－四）
六十にして耳従う。七十にして心の欲する所に従って、矩（のり）を踰（こ）えず

命を使う

人は誰しも天から使命を帯びて
生まれてくるとしたら。
私の使命とは何なのだろう。

天はきっと使命を果たすために
必要な能力や環境を
与えてくれている。
私はその力を
生かせているだろうか。
気付かず、磨かず

自分に与えられた使命を理解できないようでは、君子とはいえない。

腐らせていないだろうか。

何か特別なことをしなくても
毎日、命を尽くして生きていれば
使命はきっと見えてくるはず。

隣にいる人を輝かせるという
使命かもしれない。
報われなくても努力しつづける大切さを
人に教える使命かもしれない。

自分の望む人生とは
違うものかもしれないけれど
誰にでも必ず使命がある。

不知命、無以為君子也
(堯日第二〇－五)
命を知らざれば、以て君子たること無きなり

論語について

『論語』はいまから二千数百年前、孔子の死後に孔子と彼の弟子たちの言行をまとめた書物です。『大学』『孟子』『中庸』とあわせて、儒教入門のためのもっとも基本的な書物として「四書」の一つに数えられ、中国をはじめ東洋世界で広く人々に親しまれています。時代を超え読み継がれている東洋世界最大のベストセラーと言えるでしょう。『古事記』では応神《おうじん》天皇の時代、和邇吉師《わにきし》が伝えたとされており、日本でも古くから広く読まれています。特に江戸時代の朱子学が栄えた時には、朱子の解釈による論語が武士のたしなみとされていました。

儒教の堅苦しい書物と思われるかもしれませんが、その内容は孔子と弟子との平凡な日常生活での対話が中心です。ほとんどが断片的といってもいいような短い言葉の集まりで、さほど難しくもなく、またとりわけ深遠なことを言っているようでもありません。しかし、文章がリズミカルで美しく、声を出して読んでも楽しい本であります。また自分の過去を自嘲気味に語ったり、弟子の死を嘆き悲しんだりする姿は、聖人ではなく人間としての孔子に親しみを感じさせてくれます。

『論語』はもともと簡潔な文なので解釈が多様にわかれるところがあり、世に出て以来、さまざまな国で多くの学者たちが解釈註釈をつけてきました。この本ではいくつかの註釈を参考にしながら、独自の考え方も加えて妥当と思われるものを使っています。

論語の言葉を知ることについて

深遠な言葉を求めて『論語』を読もうとされた方には、あまりにも現実的な言葉が並んでいることに戸惑いを感じる人がいるかもしれません。しかし短い中にも滋味溢れた身近で役立つ言葉が多いことにも気づくでしょう。その言葉は、私たちの生きる指針となり、日々の行いを振り返らせてくれます。

たとえば過ちを犯すことについて「やむをえないならば改めれば良い。改めないのが問題だ」と言っています。つまり誰もが過ちを犯すことがあるという前提なのです。その上で「小人は誤ちを必ず飾る。つまらない言い訳をする」という言葉も加えています。こうした言葉を知っていると、自分が何か過ちをしてしまった時に、どのようにするべきかがわかります。また物質的豊かさよりも清貧を尊ぶものだと思われるかもしれませんが「貧しい生活をつづけながら悪事をしないことは、金持ちが驕らないよりも難しい」と言っています。若い頃に貧しい日々を送った孔子だからこそ、食べられない苦しさをよく知っているのでしょう。高い志も必要ですが、まずは安心して食べられる生活をする大切さも教えてくれます。

ふと気の迷いが生じた時、どうしていいのか判断に迷った時、『論語』の言葉を思い出すことで、過ちを防いだり身を正すことができるのではないでしょうか。仏教などの悟りをめざした書物とは全く違った次元で、現実的な行動を変えていけるヒントが集まった本として『論語』の言葉を読むことに面白さがあります。

監修

野村茂夫（のむら しげお）

1934年、岐阜県生まれ。58年、大阪大学文学部哲学科中国哲学専攻卒業。63年、同大学大学院文学研究科博士課程単位修得退学。大阪大学助手、愛知教育大学助教授を経て、愛知教育大学教授に。87年退官、名誉教授に。その後、皇學館大学教授を務め、2006年退職。名誉教授に。著書に『老子・荘子』（角川ソフィア文庫）、『荘子』（講談社）、『中国思想文選』（共編・学術図書出版社）など。監修書に『くり返し読みたい論語』『ビジネスに役立つ論語』『ビジネスに役立つ菜根譚』『人生を勝ち抜く 孫子の兵法』『シンプルに生きる 老子』（いずれもリベラル社）など。

文

ひらたせつこ

ライター・プロデューサー。（株）リクルートを退職後、友人とともに広告制作会社（株）ジオコス設立、1500人以上の働く人を取材・執筆、教育・就職関連の広報・広告に携わる。現在は医療法人かがやき総合在宅医療クリニックで、さまざまな方の生と死に関わりながら、プロデューサーとして在宅医療文化の普及啓発などを行う。

監修　　　　　野村茂夫

文　　　　　　ひらたせつこ

絵　　　　　　井上賀奈子（chica）

装丁デザイン　　宮下ヨシヲ（サイフォン グラフィカ）

本文デザイン・DTP　尾本卓弥（リベラル社）

編集人　　　　伊藤光恵（リベラル社）

営業　　　　　津田滋春（リベラル社）

制作・営業コーディネーター　仲野進（リベラル社）

編集部　近藤碧・山田吉之・安田卓馬・鈴木ひろみ
営業部　津村卓・澤順二・廣田修・青木ちはる・竹本健志・春日井ゆき恵・持丸孝
榊原和雄

※本書は2014年に小社より発刊した『品格が磨かれる 論語エッセイ』を文庫化したものです

超訳 論語 自分の「器」を磨く

2021年8月24日　初版
2022年4月9日　再版

編　集　リベラル社
発行者　隅田 直樹
発行所　株式会社 リベラル社
〒460-0008 名古屋市中区栄3-7-9 新鏡栄ビル8F
TEL 052-261-9101　FAX 052-261-9134　http://liberalsya.com
発　売　株式会社 星雲社（共同出版社・流通責任出版社）
〒112-0005 東京都文京区水道1-3-30
TEL 03-3868-3275

　ISBN978-4-434-29231-6　C0195
　110001

超訳 禅の言葉
生きるのがラクになるヒントの宝庫

［監修］武山廣道 ［文］ひらたせつこ

「一期一会」「挨拶」「元気」など、日常でもよく使われている禅の言葉。そこに込められた生き方のヒントを、詩のように美しい文章と絵で紹介。

超訳 般若心経
「何もない」幸せに気づく

［監修］加藤朝胤 ［文］ひらたせつこ

般若心経の教えを、日常の言葉やシーンに置き換え、詩のように美しい文章で紹介。ページをめくるたびに変わる絵とともに、深く般若心経を味わえます。

人生を導く 最強の論語

［監修］野村茂夫・安本博

孔子と弟子たちによってつづられた言葉は人生を豊かにする教えを秘めています。歴史に残る名著をわかりやすい超訳で味わえる一冊。美しいカラー口絵付き。

はじめて読む 古典落語百選

林家たい平

人気の落語家・林家たい平が、時代を超えて語り継がれてきた傑作の古典落語100席を厳選。古典落語の面白さ、感情豊かな人々の生き様を楽しめます。